Pe. Jovandir Batista da Silva

Humildade, Vontade e Persisctência

Pe. Jovandir Batista da Silva

Humildade, Vontade e Persisctência

O Passaporte para o Sucesso

CREDO EDICIONES

Imprint
Any brand names and product names mentioned in this book are subject to trademark, brand or patent protection and are trademarks or registered trademarks of their respective holders. The use of brand names, product names, common names, trade names, product descriptions etc. even without a particular marking in this work is in no way to be construed to mean that such names may be regarded as unrestricted in respect of trademark and brand protection legislation and could thus be used by anyone.

Cover image: www.ingimage.com

Publisher:
CREDO EDICIONES
ist ein Imprint der / is a trademark of
International Book Market Service Ltd., member of OmniScriptum Publishing Group
17 Meldrum Street, Beau Bassin 71504, Mauritius

Printed at: see last page
ISBN: 978-613-1-44766-2

Jovandir Batista da Silva

HUMILDADE, VONTADE e PERSISTÊNCIA

O Passaporte para o Sucesso

Digitação: Pe. Jovandir Batista da Silva

Revisão: Pe. Geraldo Martins Lisboa

Interessados neste trabalho, favor se informarem:

Pe. Jovandir Batista da Silva, sdb

INSPETORIA SÃO JOÃO BOSCO

Avenida 31 de Março, 435 Dom Cabral

CEP 30535-000 BELO HORIZONTE - MG

TEL: (31) 2103-1200

isjb@salesiano.br

OU

Silvânia/GO,

Rua 10, Quadra 11, Lote 88,

Bairro Jorge Barroso - CEP: 75.180-000.

jovandir@gmail.com

GRATIDÃO

A minha mala da motivação e a da frustração.

Sempre tenho comigo duas malas. Uma a que chamo a mala da motivação e a outra a que chamo mala da frustração.

Em qualquer iniciativa, comigo ou aconselhando alguém, oriento a ter estas duas malas.

A mala da motivação chega cheia. Nela, trago todas as ideias, sonhos, listas de contatos com amigos, cursos, enfim, tudo aquilo que me faz acreditar que vale a pena continuar no caminho.

A mala da frustração chega vazia. Pode ser que, ao longo do caminho, ela permaneça vazia, como pode acontecer que muito do que estava na mala da motivação venha para ela.

Com estas duas malas, tenho a consciência de estar com os pés firmes na realidade; de que o que estou projetando é passível de erros e poderei voltar atrás e ter ou não que começar tudo novamente, ou, senão tudo, ao menos partes do que pensava.

Portanto, estas duas malas são as minhas melhores amigas. Gratidão a vocês em minha vida.

SUMÁRIO

I

Um relâmpago seguido de trovão é chuva na certa

Acredito que você, assim como eu, já passou pela situação de chegar a alguma casa, sobretudo fazenda, e fazer mentalmente ou para as pessoas companheiras a seguinte pergunta: será que tem cachorro?

Com muita cautela, em meio a uma certa calmaria, vamos como que gato pajeando a rolinha, aproximando da porta de entrada. Passos lentos, cautelosos, um pé estrategicamente pensado antes do outro e, estamos lá de frente da casa.

Após algumas palmas, um grito de "ôh dono de casa" e, aparece como que um relâmpago lá de dentro um cachorrinho, daqueles magricelinhos velozes – pit vira-lata - e vem latindo em direção da gente.

Tudo bem, é apenas um cachorrinho, um "pit vira lata".

Mas a experiência tem nos mostrado que quase sempre atrás de um relâmpago vem um trovão daqueles que parecem rachar a terra ao meio, fazendo um enorme estrago na natureza.

E assim, atrás do pit vira-lata vem lá, em menor velocidade, o pit bull para deixar qualquer um bambo das pernas. Cadê as estratégias de antes? Que nada, como uma flecha, pé na estrada alongando as pernas que parecem não mais existirem. O pensamento não é outro senão o de que seremos estraçalhados em segundos. O sol se vai e a escuridão toma conta da mente. Morte certa.

Mas que bom, a experiência também tem mostrado que após um relâmpago e um trovão atordoante, da tenebrosa escuridão, surge a chuva torrencial e, em poucos minutos tudo se transforma em grande calmaria. O sol brilha lindo e a natureza aparece exuberante.

Eis que surge junto ao pit vira-lata e o pit bull uma simpática senhora apaziguando todo o cenário e propiciando uma confortável acolhida. Alegria total, felicidade para todos.

Vamos dar nome ao relâmpago, o magricelinho pit vira-lata, como HUMILDADE.

Vamos dar nome ao trovão, o monstruoso pit bull, como VONTADE.

E vamos dar nome à chuva, a simpática senhora, como PERSISTÊNCIA.

Uma trilogia que juntos formam os pilares essenciais para o SUCESSO. Entendamos, como intitulado, *"O Passaporte para o Sucesso"*.

Para o sucesso, precisamos ter humildade. Daí nos entendemos pessoalmente e, socialmente, nos vemos na busca do diálogo, do autoconhecimento e equilíbrio físico, racional, emocional e espiritual. Uma pessoa humilde é alguém que apresenta gentiliza, boa comunicação, espírito de diálogo, compreensão, enfim, empatia.

Para o sucesso, precisamos ter vontade. Daí nos entendemos em movimento, em processo de transformação e colaboração para o desenvolvimento do mundo. Uma pessoa de vontade é alguém motivado, cheio de vida, garra; está sempre somando para fazer acontecer o novo.

Para o sucesso, precisamos de ser persistentes. É pela persistência que crescemos e amadurecemos; agregamos qualidade às nossas ideias, aos nossos feitos. A persistência é a conjugação da humildade com a vontade. O tempo todo estamos sendo provados no quesito humildade e vontade e, o tempo todo somos incentivados a desanimarmos ou animarmos. Daí, somos levados ao crescimento e cada vez mais deixando revelada a nossa personalidade.

Pela humildade, mostramos sermos pessoas frágeis e, pela vontade, mostramos sermos pessoas fortes. E para tudo na vida, é o movimento entre luzes e sombras que nos faz avançar, vencer no caminhar. E a persistência é a garantia de que não paramos, que estamos sempre em processo de evolução.

Uma pessoa tem dois pés. Para caminhar, o corpo fica em processo de desequilíbrio e equilíbrio entre um pé e outro. Às vezes, vêm o cansaço e a tentação de desistir de caminhar, mas é andando que se percebe o que ficou para trás. É sentido o atrito no chão que se reconhece o amadurecimento.

Ao longo do caminho, vamos entendendo que somos sim pessoas frágeis, mas amparadas por forças maiores que nem sempre sabemos descrever. Tais forças nos amparam. Digo que tanto uma pessoa humilde quanto uma pessoa arrogante são observadas por pessoas fortes. A diferença é que, para com os humildes, as pessoas fortes os amparam, nas mais diferentes formas. Já para com os arrogantes, as pessoas fortes os desafiam, os ameaçam, os traem.

Assim como o pit bull amparou o pit vira-lata, estamos sempre sendo amparados. A humildade vem sempre amparada por uma força maior.

A persistência, diante do quadro das fraquezas e fortalezas, assegura que nossas vontades sejam bem administradas e não façam estragos ao longo da nossa história. Administrar a vontade de avançar nas muitas oportunidades que chegam às nossas portas, mas, também, administrar a capacidade da escuta e compreender que nem tudo que quero, que desejo ardentemente, me convém.

Assim sendo alimentados constantemente pela humildade e vontade, teremos a persistência necessária para nos vermos em constante caminhada, conquistando nossos objetivos e administrando nossa vida. Entendida a humildade que revela o nosso perfil comportamental, nosso jeito de ser, poderemos potencializar nossas vontades naquilo que realmente faz sentido.

Humildade, Vontade e Persistência é, na minha concepção, a trilogia chave para o sucesso em todas as situações. E digo também Passaporte, pois não somente chega ao sucesso, mas torna-se alguém a promover o sucesso pelo mundo.

II

Por que vos escrevo isto?

Porque trabalho com pessoas e, ao escutá-las, percebo que muitos dos seus problemas estão relacionados com impaciência, ansiedade, desorganização do próprio tempo, desmotivação, stress etc.

Como educador, e educador salesiano, procuro estar à disposição no pátio; no observar e escutar crianças, adolescentes e jovens. Como diretor de escola, procuro estar na minha sala de prontidão a atender alunos, pais e professores para alguma sugestão, esclarecimento e mesmo queixa.

Na atuação em escola, os momentos de formação com professores, desenvolvimento de trabalhos pastorais com os alunos, reuniões com pais, são sempre oportunidades riquíssimas para amparar as pessoas nos seus muitos dramas pessoais e sociais.

Como padre, procuro escutar, atender no sacramento da confissão, passar alguma mensagem durante as homilias. A Igreja é um espaço favorável para a boa reflexão.

Mas, antes de me identificar como educador e padre, eu sou cristão. E como cristão, sou sempre provocado a ir mais longe com o conhecimento. Em ampliar a expertise nos diversos atendimentos.

"Avance para águas mais profundas e joguem as redes para a pesca" (Lc 5,4).

Neste propósito, conheci e me aprofundei na metodologia do Coaching. Tenho duas certificações para atender como Coach, busco mais duas, pretendo em breve chegar a uma Pós nesta área. Foram muitos ganhos ao longo de dois anos e a palavra para traduzir tudo isto é GRATIDÃO.

Escrevi o livro a *"Religião e o Coaching. Visão de um Padre Coach"*, tendo a participação especialíssima do José Roberto Marques, Coach Sênior, fundador e presidente do Instituto Brasileiro de Coaching. Gratidão ao José Roberto Marque e a toda a sua Equipe a quem atribuo a responsabilidade por me favorecer uma maior e melhor visão de trabalho como Cristão, como Educador e Padre. E a partir dos últimos dois anos, com muita alegria, como Coach.

E não para por aí. Reuni algumas pessoas cheias de vontade e fundamos o Instituto Salesiano de Coaching. O Instituto é o barquinho que nos leva para as águas mais profundas. Jovens, Salesianos, Coach`s, pessoas cheias de vida, a bordo deste barquinho se propõe, com Humildade, Vontade e Persistência, atender a ordem de Jesus Cristo: *"Avance para águas mais profundas e joguem as redes para a pesca" (Lc 5,4).*

Assim, escrevo este livro para te apresentar o Instituto Salesiano de Coaching. Motivar você a vir fazer parte dele. Você que também sente que tem condições de atender a ordem de ir para águas mais profundas.

Mas é preciso se preparar, não é uma aventura para qualquer pessoa. É preciso entender as próprias condições, compreender as próprias forças, ter consciência que o mar é grande e o barco, num dado momento, estará longe da praia e, o trabalho de equipe no remar precisa ser constante.

Humildade, Vontade e Persistência constitui aqui uma PORTA DE ENTRADA neste Instituto. Porta no sentido que os interessados farão uma auto avaliação ao ler as poucas páginas deste livro que tens agora em mãos. Porta, também, porque ele te aponta para um questionário virtual que você terá a oportunidade de conhecer e se avaliar por meio de ferramentas de coaching. Você com você mesmo.

E Humildade, Vontade e Persistência constitui aqui um PROGRAMA DE FORMAÇÃO dentro deste Instituto. Uma vez decidido, decidida a se associar, toda a formação que receberá passará pela sintonia destes três pilares.

Passaporte para o Sucesso porque o sentido da vida consiste em ser feliz e contribuir para a felicidade das outras pessoas, para a transformação do mundo em vista de ser um mundo feliz para todos.

Cultive a sua humildade, alimente as suas vontades, tenha persistência no caminho e eu lhe garanto que terá sucesso na sua vida.

III

HUMILDADE, VONTADE e PERSISTÊNCIA.

O Passaporte para o Sucesso

O desafio de escrever sobre um dado assunto é perceber que o que até então parecia novidade para mim não parece novidade para as pessoas que estão à minha volta ou espalhadas pelo mundo a fora. A sensação é de que eu sou o último da fila diante do assunto que para mim se apresenta como novo.

Diante desta sensação, a atitude de ler e não ousar escrever será sempre mais cômoda.

Quando leio, me sinto mais confortável em dizer coisas do tipo: "Já sabia deste assunto desde a minha infância"; "Isto já é um assunto tão comentado, tão batido nas muitas rodas de conversas de que participo"; "Agora virou moda este tema, nas redes sociais, no Google, é o que mais aparece".

Quando escrevo, o desafio é de me colocar no lugar dos leitores e buscar surpreendê-los, de trazê-los para comentários como: "Já havia lido sobre este assunto, mas com esta abordagem é a primeira vez"; "Nos muitos comentários em que já estive envolvido com este assunto, hoje algo diferente me tocou"; "Está aqui um tema forte para eu levar para as minhas rodas de conversas"; "Este comentário vai ganhar o topo das redes sociais, com certeza deve ser o mais pesquisado no Google".

1º Humildade:

Escrever sobre humildade é me colocar diante do desafio de surpreender o leitor. É, sem dúvida, uma palavra conhecidíssima e também de fácil compreensão. Temos muitas atitudes de pessoas que dizem: "faltou humildade ou agiu com humildade, ou ainda, é humilde demais".

Uma pessoa que falta com a humildade, pode ter certeza de que é alguém que quer mostrar o que não têm.

Uma pessoa que age com humildade é alguém que mostra o que tem sem a necessidade de exibições.

Uma pessoa que é humilde demais é aquela desprovida de intenções, apenas se faz no meio, muitas vezes dada a manipulações.

Pessoas como Mahatma Gandhi, Martim Luther King, Nelson Mandela, Papa Francisco são exemplos de pessoas humildes.

O escritor Jeffrey A. Krames, observando o Papa Francisco escreveu: "Lidere com Humildade, 12 lições do Papa Francisco".

> "'... a humildade parece ser negligenciada nos programas de desenvolvimento de liderança'. Talvez isto se deva à noção de que a humildade pode refrear o progresso dos líderes, estas pessoas independentes e questionadoras que não gostam de ser contidas. Outros

líderes podem achar que já são humildes demais e não precisam desenvolver esta qualidade. E muitos podem acreditar que a humildade, da mesma forma que a integridade ou o caráter, não pode ser ensinada nem aprendida. Ou você tem ou não tem esta característica, de modo que ler um livro a respeito dela não vai elevar em nada o seu 'quociente de humildade`" (Conf. Krames. Lidere com humildade, pag. 33).

O Papa Francisco, por sua vez acredita que a humildade autêntica capacita os líderes como nenhuma outra qualidade de liderança.

"`Se conseguirmos desenvolver uma atitude verdadeiramente humilde, poderemos mudar o mundo`, escreveu Bergoglio antes de se tornar papa. E ele não perde nenhuma oportunidade de mostrar que uma pessoa nunca pode ser humilde demais, e que todos de fato podem aprender a ser humildes. Com isto, ele alterou os padrões pelos quais avaliamos os nossos líderes" (Conf. Krames. Lidere com humildade, pag. 34).

É nesta visão de humildade que passa o Papa Francisco, uma visão de quem realmente entendeu e assumiu o Evangelho de Jesus Cristo, que também fundamento o meu parecer sobre humildade. Não vejo de outra forma.

Humildade, entre tantas definições, significa simplicidade e modéstia. Isto quer dizer, relacionada a alguma pessoa, aquela que conserva a essência de criatura, aberta ao potencial do criador. Portanto, a capacidade de se ver pequeno, pois é constituído de natureza frágil, as de se sentir grande, porque tem em si a natureza infinita do criador.

Dentro do propósito desenvolvido no capítulo anterior (II), a humildade é trazida aqui apenas como guia de todo um processo para se atingir o sucesso. É como uma agulha que traz em si uma ponta afiada, frágil, mas extremamente necessária para haver resultado, a costura. A humildade é esta ponta sem a qual, o processo todo fica comprometido.

E as pessoas, por mais que estejam em vocações diferenciadas, estejam em serviços diferentes, todas almejam uma única coisa – A Felicidade.

Assim entendido, não importa o que você faz em vista de sucesso, o que você está realmente buscando é viver feliz.

2º Vontade:

Você já ouviu frases do tipo: "fulano tinha tudo que precisava, *mas* faltou vontade"; "Eu poderia ir com você, *mas* não estou com vontade"; "Eu entendo todo o processo, *mas* me falta vontade". Sim?

Vontade pode ser compreendida como tirar a bunda da cadeira; dar o primeiro passo; acender a luz; levantar a mão para pedir que exemplifique; solicitar um exemplo; estender uma mão; escutar antes de dirigir a palavra. Enfim, demonstrar que está vivo.

Volte às frases que eu apontei no início, aqui ao falar de vontade. Perceba uma palavra presente em todas as frases, o *"mas"*. Eu até deixei em itálico para você.

A palavra "mas" é a principal inimiga da vontade. Então, vamos abolir esta palavra para que a vontade esteja presente na sua vida. E ao aboli-la, coloque em seu lugar o "E" ou o "ENTÃO". Eu estou falando de algo que eu experimentei, coloquei em prática a partir do ano de 2016 em minha vida. Adoro passar isto para as pessoas. Um exercício tão simples, difícil nos primeiros dias, que pode mudar a sua vida significativamente para o sucesso.

Vejamos alguns exemplos; tomemos as mesmas frases em questão:

"Fulano tinha tudo que precisava *e* investiu esse tudo a seu favor"; "Eu poderia ir com você *e* colocar todo o nosso assunto em dia"; "Eu entendo todo o processo, *então,* vou me dedicar no assunto".

Porém, você pode usar o *"mas"* quando se trata de positividade, para mudar a frase que iniciou na negativa para a positiva. Veja:

"Este é um exercício difícil nos primeiros dias, *mas* traz resultados surpreendentes depois dos primeiros quinze dias"; Eu poderia não acreditar nisto, *mas* vou fazer a experiência"; "Realmente não foi fácil, *mas* o resultado valeu a pena".

Portanto, minha querida, meu querido leitor, assuma uma vida positiva e você se verá uma pessoa cheia de vontade para a vida, você se verá uma pessoa de sucesso, uma pessoa feliz.

Ganhei um livro no meu último aniversário *"O Poder da Positividade. Os 7 princípios para blindar sua mente e transformar a sua vida"*, de Geraldo Rufino. Um livro gostoso de se ler e que traz de forma muito clara temas como positividade, humildade, paixão, não julgamento, prática do bem, tudo vai dar certo e ser feliz.

"Na verdade, praticar o valor ser feliz é o mais fácil de todos os citados neste livro e ao mesmo tempo o mais difícil. Sabe por quê? É muito fácil ser feliz: é só não ter expectativas. Deus tem muito mais portas para abrir do que as que se fecham" (Conf. Rufino. O Poder da positividade. Pag. 176).

Isto me fez lembrar São Francisco de Sales que li muitos anos atrás na minha vida (1996) e que acredito ter contribuído muito para a pessoa otimista, sem tanta ansiedade, que me vejo hoje. São Francisco de Sales é o padroeiro da Congregação Salesiana da qual faço parte.

"Não se preocupe com o que pode acontecer amanhã; o mesmo Pai eterno que cuida de você hoje, se encarrega de você amanhã e todos os dias. Ou Ele protegerá você do sofrimento, ou lhe dará a força infalível para suportá-lo"

(Conf.https://movimentojovensmarianos.wordpress.com/artigos/pensamentos-de-sao-francisco-de-sales/ Pesquisa de 18 de outubro de 2018).

Vejamos o significado de vontade.

Vontade significa determinação; sentimento que leva uma pessoa a fazer alguma coisa, a buscar seus objetivos. Capacidade individual de escolher ou desejar aquilo que bem entender; faculdade de fazer ou não fazer determinadas ações (Conf. Dicio.com.br).

Se humildade significa a ponta da agulha, vontade pode ser entendida como o corpo da mesma. Precisa ser firme, bem definida, transmitir segurança, pois é com ela que se mostra o que se pode fazer. São de tamanhos diferentes, não importa, também resultados diferentes, ótimo!

Uma das coisas que gosto de observar pelas estradas onde passo, são caminhões. Diferentes tamanhos de caminhões. Neste momento estou numa viagem voltando de Santos, SP. Tive a oportunidade de conhecer o Porto de Santos, o maior da América Latina, além de trens, navios e aviões que vi, não me faltaram diferentes modelos de caminhões. Nas estradas de Minas e Goiás, em que muito passo, digo que sempre há um caminhão para ser ultrapassado. Dá arrepios me lembrar de duas estradas: Cuiabá a Belém e Belém a Brasília. São caminhões para cercar o país.

Assim como a agulha, o caminhão tem duas, às vezes quatro rodas que servem de guias. Guias aparentemente frágeis, pequenas em relação à jamanta que é todo o caminhão. Porém, toda esta estrutura atrás das rodas guias, estão bem alinhadas, estruturadas, firmes e prontas para diferentes tipos de cargas, com pesos ora mais, ora menos para, também, diferentes viagens.

Com isto, digo que a vontade, seja grande ou pequena, precisa se fazer alinhada e obediente à humildade. A humildade em si pode ser sinônimo de fraqueza, pode até não inspirar confiança, mas, amparada por uma vontade bem estruturada, conjugada com outros fatores, como as rodas do caminhão nos eixos e estes na estrutura do chassi que sustenta toda a carroceria, favorece grandes transformações na vida pessoal, social, levando o mundo a ser bem outro.

Quais são as suas vontades?

Faculdade? Emprego? Dinheiro? Relacionamento? Felicidade?

Você considera suas vontades muito grandes? Acredita que é possível torná-las reais?

Imagine que você conseguiu realizar todas as suas vontades. Tem uma boa formação, bom emprego, é merecidamente remunerado, relaciona-se bem com tudo e com todos, portanto, é uma pessoa feliz. Felicidade conjugada com humildade é tudo que uma pessoa necessita para transformar qualquer coisa, seja na vida pessoal ou social.

Pois bem, nestas condições, o que você propõe a transformar?

Que tipo de carga você quer transportar ou está transportando ao longo da vida? Seria a própria carreira? Família? Filhos? Cuidado dos pais? A empresa dos pais? A luta por uma saúde melhor?

Ao longo do caminho, com certeza, sempre virão as angústias, horas mais difíceis e horas mais fáceis, subidas e descidas, chuva e sol. Fazemos comparações e há momentos em que vamos nos sentir superiores e momentos em que vamos nos sentir inferiores. Isto significa que estamos em movimento; estamos vivos e em constante evolução. Assim sendo, a carga maior atribuída a todos nós é garantir que a própria felicidade esteja sempre segura e bem transportada.

E a forma de garantir a felicidade é se colocar a serviço, dedicar a própria vida em vista da felicidade do outro. Viver feliz é contribuir para a felicidade das pessoas. Buscar constantemente um mundo que propicie felicidades para todos.

Convido você a cultivar a sua humildade, trabalhar as suas vontades e se ver uma pessoa feliz, feliz a tal ponto de transbordar para as outras pessoas, para um mundo agradável.

O Instituto Salesiano de Coaching é uma organização que espera você com todo o seu transbordar de felicidade.

3º Persistência:

Ao longo do caminho, o que muitas vezes nos tira a felicidade é a ingratidão. Perceber que o que levamos de nós para o outro nem sempre é bem recebido ou às vezes nada recebido, e ainda, perceber que há pessoas que usam de uma palavrinha demoníaca chamada inveja e nos quer derrubar, furar todos os pneus que sustentam a nossa felicidade, querem por que querem amassar, ou mesmo quebrar a nossa ponta de guia, a humildade, nos colocando para baixo.

Muitas vezes, irradiantes de felicidades, desejosos de fazer o mundo sorrir, somos surpreendidos por indiferença, mesquinharia, injustiça que afetam toda a nossa estrutura e a nossa carga parece se perder ou se perde de verdade pelo caminho. Quantas pessoas você conhece que eram extremamente motivadas, empenhadas, construtoras de grandes obras humanitárias e hoje estão encostadas, entregues à solidão ou mesmo mortas, interrompidas naquilo que traziam com tanto afinco?

Costumo dizer que pessoas otimistas veem o mundo sempre com possibilidades, sempre olham para as pessoas com esperança de que elas conseguirão sair de seus anonimatos, darão a volta por cima e conquistarão dias melhores. Porém, o mundo nem sempre recebe os otimistas assim; as pessoas que estão nas sombras nem sempre acolhem as que trazem luz. Um sorriso muitas vezes significa ofensa e um convite para uma boa causa pode resultar numa grande tragédia.

Para tentar sair de tais realidades, recorro à Madre Teresa de Calcutá.

Madre Teresa de Calcutá (1910-1997) foi uma missionária católica macedônia, famosa por seu trabalho de ajuda às populações carentes do Terceiro Mundo. Logo cedo descobriu sua vocação religiosa. Com dezoito anos entrou para a Casa das Irmãs de Nossa Senhora do Loreto. Criou a Congregação Missionárias da Caridade. Dedicou toda sua vida aos pobres. Em 1979 recebeu o Prêmio Nobel da Paz. Foi Beatificada pela Igreja católica em 2003 e canonizada em 2016 (Conf. https://www.ebiografia.com/madre_calcuta/ Pesquisa de 18 de outubro de 2018).

O empenho de Madre Teresa de Calcutá foi de sempre fazer o bem. Vejamos algumas frases dela.

"Não devemos permitir que alguém saia da nossa presença sem se sentir melhor e mais feliz."

"É fácil amar os que estão longe, mas nem sempre é fácil amar os que vivem ao nosso lado."

"Temos que ir à procura das pessoas, porque podem ter fome de pão ou de amizade."

"Quem julga as pessoas não tem tempo para amá-las."

"Enquanto estiver vivo, sinta-se vivo."

Mas não foi fácil para Madre Teresa, não lhe faltaram invejosos, acusadores, pessoas que muitas vezes dirigiram críticas que denegriam a sua imagem. Desde os anos noventa, vozes se erguiam chamando-a de fanática, amiga de ditadores e de não dar cuidados profissionais aos doentes. Muitos destes eram do seu convívio, aqueles que deveriam ajudá-la e favorecer o bom relacionamento, a melhoria dos processos, mas preferiram sair pela imprensa, dizendo coisas mais no sentido da promoção pessoal e não no interesse do bem coletivo como sempre lutou Madre Teresa.

"... ninguém quer saber que seu ícone da compaixão, Prêmio Nobel da Paz, era uma fanática religiosa amiga de ditadores, ricos e corruptos. Aos pobres pediu resignação e os ajudou a morrer, mas sem lhes dar cuidado profissional", diz Aroup Chatterjee. Este médico de Calcutá, residente em Londres, tem sido seu crítico mais consistente. Escreveu o livro *Mother Teresa The Final Veredict (Madre Teresa, O Veredito Final) e* esteve por trás do documentário *Hell's Angel* (Anjo do Inferno) do reconhecido jornalista norte-americano Christopher Hitchens, que em 1994 expôs pela primeira vez em nível mundial a *outra face* da freira (Conf.https://brasil.elpais.com/brasil/2016/09/04/internacional/1472980683_884891.html Pesquisa de 18 de outubro de 2018).

Diz o ditado que a árvore que mais recebe pedradas é aquela que mais dá frutos. Assim, todo bem que você fizer, sempre haverá alguém para lhe criticar. Toda boa ação que pensar em fazer a outro, haverá quem lhe dirá para ficar quieto. Romper com esse sistema é sempre um grande desafio. E mais uma vez, eu recorro a um pensamento, um poema, de Madre Teresa de Calcutá.

Assim mesmo

"Muitas vezes as pessoas são egocêntricas, ilógicas e insensatas.

Perdoe-as assim mesmo.

Se você é gentil, as pessoas podem acusá-lo de interesseiro.

Seja gentil assim mesmo.

Se você é um vencedor, terá alguns falsos amigos e alguns inimigos verdadeiros.

Vença assim mesmo.

Se você é honesto e franco, as pessoas podem enganá-lo.

Seja honesto e franco assim mesmo.

O que você levou anos para construir, alguém pode destruir de uma hora para outra.

Construa assim mesmo.

Se você tem paz e é feliz, as pessoas podem sentir inveja.

Seja feliz assim mesmo.

O bem que você faz hoje, pode ser esquecido amanhã.

Faça o bem assim mesmo.

Dê ao mundo o melhor de você, mas isso pode não ser o bastante.

Dê o melhor de você assim mesmo.

Veja você que, no final das contas, é tudo entre você e Deus.

Nunca foi entre você e os outros."

(Conf.https://viverepensar.wordpress.com/2008/09/16/assim-mesmo-por-madre-tereza-de-calcuta/ Pesquisa de 18 de outubro de 2018).

E assim acredito ter deixado entendido o que é persistência. Assim como os dedos na agulha, o motor para o caminhão, a persistência é entendida como constância, não desistir com facilidade. E agir com persistência, é ser esforçado e focado nos objetivos, sem se deixar abalar facilmente por qualquer crítica ou negativa.

Frases como: "a persistência faz dela uma vencedora"; "é preciso persistência além da inteligência para concluir os estudos" dá a pessoa o que na verdade ela ainda não tem. Uma pessoa persistente não se deixa abalar diante da primeira dificuldade, das muitas frustrações enfrentadas, desilusões ao longo do caminho.

Eu me vejo claramente nesta situação quando aqui lhe apresento o Instituto Salesiano de Coaching. E como disse na segunda parte, o que aqui trouxe foi apenas uma porta, um convite, desejoso de que você opte por entrar por ela. Vejo-me determinado a levar esta causa à frente, com muita humildade e vontade no sentido de promover a felicidade a muitas pessoas.

Por que ficar só na praia se podemos avançar para águas mais profundas? Por que viver na rotina toda uma existência se há algo mais para se descobrir? Por que acreditar que a felicidade já fora conseguida se a imensidão do universo lhe permite ousar mais?

E assim, sem me alongar mais com este texto, termino com uma outra palavra que vem somar com a persistência, a insistência.

Insisto que você se permita questionar interiormente, dialogar com seus amigos, no seu trabalho. Insisto que você entre na plataforma digital e faça a sua mensuração sobre o seu grau de HUMILDADE, VONTADE e PERSISTÊNCIA.

Plataforma:

isc.com

REFERÊNCIAS:

Nova Bíblia Pastoral. Direção editorial e revisão exegética de Paulo Bazaglia. Paulus, São Paulo, 2014. 1543 p;

Coachig – José Roberto Marques – Instituto Brasileiro de Coach;

CORDEIRO, João. Accountability: a evolução da responsabilidade pessoal nas empresas: o caminho da execução eficaz. São Paulo, Évora, 127p. 2003.

Hill, Napoleon. Quem pensa enriquece / Napoleon Hill (versão brasileira da editora) São Paulo, SP: Editora Fundamento Educacional, 2009;

Krames, Jeffrey A. Lidere com humildade / Jeffrey A. Krames; tradução Cristina Yamagami. – 1. Ed. – São Paulo: Planeta, 2015;

Rufino, Geraldo. O poder da positividade: os 7 princípios para blindar a sua mente e transformar a sua vida/Geraldo Rufino. – São Paulo: Editora Gente, 2018. 208 p.

Sales, São Francisco de. Filoteia. Petrópolis, RJ, Vozes, 376p;

____, Pensamentos de São Francisco de Sales. https://movimentojovensmarianos.wordpress.com/artigos/pensamentos-de-sao-francisco-de-sales/ Pesquisa de 18 de outubro de 2018.

Tomás de Kempis, 1380-1471. Imitação de Cristo / pelo venerável Tomás de Kempis com tradução de Leonardo Boff; Seguimento de Jesus (Livro V) / pelo teólogo Leonardo Boff. Petrópolis, RJ: Vozes, 2016.

Um ser de luz é alguém consciente de sua história, de suas ações e pretensões futuras. É alguém agradecido, dentro do Universo e engrandecido diante do Criador. Como ser de luz, deseja sempre transpor as sombras em si e no outro.

Caso isto faça sentido para você, convido-o a conhecer a Campanha "Um Mundo Novo em Nossas Mãos". Através dela, tenhamos a luz chegando em muitas pessoas, sobretudo crianças, adolescentes e jovens.

Conheça esta campanha acessando o link:

https://youtu.be/5l9mcam-p-g

Faça a sua doação: Banco do Brasil – Agência: 3394-4 Conta Corrente: 6784-9 Ou via boleto retirando no site: www.salesianos.br Link da Assistência Social. Dúvidas no telefone: (31) 2103-1200 ou na direção do Colégio Dom Bosco.

Gratidão

COACHING EM GRUPO:

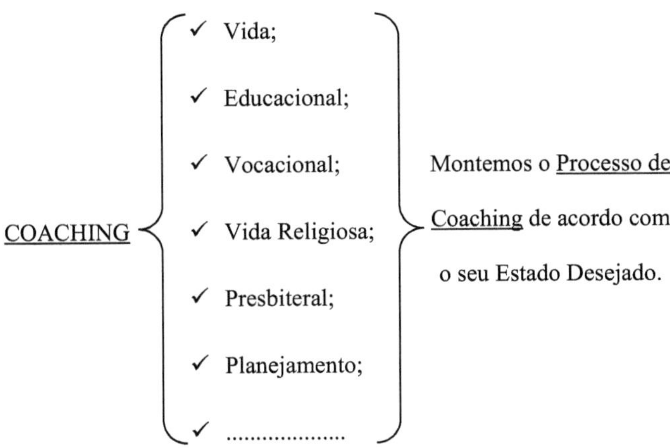

CONTATO: Instituto Salesiano de Coaching

Tel. (62) 9.9915-6140

institutosalesianodecoaching@gmail.com

Com sede: Silvânia/GO, Rua 10, Quadra 11, Lote 88, Bairro Jorge Barroso - CEP: 75.180-000.

Printed by Books on Demand GmbH, Norderstedt / Germany